Christoph Gottfried Bardili

Über die Gesetze der Ideenassoziation

Christoph Gottfried Bardili

Über die Gesetze der Ideenassoziation

ISBN/EAN: 9783743433403

Hergestellt in Europa, USA, Kanada, Australien, Japan

Cover: Foto ©ninafisch / pixelio.de

Manufactured and distributed by brebook publishing software (www.brebook.com)

Christoph Gottfried Bardili

Über die Gesetze der Ideenassoziation

Ueber die
Geseze
der
Ideenassoziation
und insbesondere

Ein, bisher unbemerktes,
Grundgesez
derselben

von

C. G. Bardili.

Tübingen,
bey Jacob Friedrich Heerbrandt
1796.

1

Vorbericht.

Ich muß das Publikum bitten, diese wenige Bögen, zu deren Vollendung mich die Muße eines kurzen Aufenthalts auf dem Lande ermunterte, als das aufzunehmen, was sie seyn sollen, — als

Vorbericht.

einen Verſuch, Belehrungen, die ich älteren ſowohl als neueren Weltweiſen verdanke, weiter zu entwikeln, und die unerwarteten Ausſichten, die ſich mir dadurch hier und da zu eröfnen ſchienen, mit prüfendem Nachdenken zu verfolgen. Wie ſchmeichelhaft würde es für mich ſeyn, wenn insbeſondere Männer von philoſophiſchem Unterſuchungsgeiſte, die ein Vaterland mit mir verbindet, dieſer Arbeit einige Aufmerkſamkeit wiedmeten.

Stuttgardt den 26. Jul. 1795.

Einleitung.

Es kann in der ganzen, uns bekannten, Natur kein Wesen nur für sich allein daseyn: sondern jedes erfordert zu seiner Entstehung sowohl als Erhaltung die vereinigte Wirkung mehrerer. Nehmen z. B. die Elemente das zurük, was sie zum Daseyn des thierischen Körpers hergeben, wo wäre das Stäubchen, welches ihm noch bliebe; hörte nur die Luft auf, sich ihm mitzutheilen, wie bald würde es wohl um seine Erhaltung, mithin um die oberste Bedingung alles dessen, was in Menschen und Thieren, als solchen, vorgeht, um das Leben selbst, geschehen seyn? Dies Geben, und Nehmen, dies Ergänzen und ergänzt werden, geht dann so fort vom Sonnenstäubchen an, das sich in unserem Dunstkreise verliert, bis zur Sonne selbst; und, wenn es wahr ist, daß immer ein Weltkörper den anderen, eine Sonne die andere in ihrem Gleise erhält: so endiget es sich nicht eher, als mit den Gränzen des Weltalls.

Ich weiß daher in dieser Rüksicht noch jezt nichts gegen die jugendliche Vorstellung einzuwenden, die mir bey den Betrachtungen meiner früheren Jahre bey dem Erwachen meines Nachbenkens, über Das seyn und Bestimmung der Welt, den Inbegrif der ganzen Natur oft unter dem Bilde eines, nach Wiedervereinigung strebenden, Ganzen vorhielt, das ursprünglich innigst in einander da war, izt aber aus einander da ist, und seiner ursprünglichen Einrichtung gemäs, überall und unausgesezt nach Wiedervereinigung streben muß. Vielleicht lag schon damals unter dieser Hülle einer thätigen Einbildungskraft blos die richtige Bemerkung eines aufmerksamen Verstandes verborgen,

Daß sich mit allem, was etwas werden, oder sich erhalten soll, noch die Wirkungen mehrerer

Dinge vereinigen müssen, oder daß ein **Gesez der Ergänzung** durch die ganze Ntaur hindurchlaufe.

Selbst unser **Denken** beruht; wie wir nun ziemlich zuverläßig wissen, auf einer Ergänzung gewisser ursprünglicher, eben an sich ganz leerer, Denkformen, vermittelst sinnlicher Eindrüke. Jene müssen, als schon vorhanden, vorausgesezt, diese müssen gegeben werden, und in so ferne fängt unser **Denken** nicht vom Sinnlichen an, sondern wird durch dasselbe vollendet: cognitio non in rebus singulis incipit, sed in illis definit, sagten schon die Platoniker in einem ähnlichen Sinne. Wenn das Gemüth das, was ihm sinnlich gegeben wird, unter sich bringt, (κρατῖι) dann erkennt es (γνωριζει) rebus, sensu perceptis *imperare* (Geseze vorschreiben) est *cognoscere*, sagt Anaxagoras beym Aristoteles.

ist die fortschreitende Geistesbil-
Einzelnen? — Ergänzung, —
ganzer Völker und Zeitalter? —
! — Was tausend Köpfe gedacht
fließt wieder in einem zusammen,
da, berichtiget, verfeinert, ver-
wieder in andere auszufließen.

, alles dieses sind Bemerkungen,
dem eigentlichen Zweke dieser Ab-
blos in so ferne in einiger Ver-
stehen, als sie mich vielleicht,
bst unbewußt, zur Auffindung ei-
igenen Gesezes der Ergän-
in unserer Ideenfolge, ent-
veranlasten: Sie beschäftigten mich
ens schon, ehe ich etwas dergleich-
ich in dem Gange unserer Vorstel-
gewahr wurde, und in dieser Hin-
ollte ich sie nicht ganz unberührt
— Nun aber zur Hauptsache!

Erster Abschnitt.

Betrachtung der Eindrüke, welche unser Gemüth in sich aufgenommen hat, nach den verschiedenen Arten ihres nächsten organischen, Zusammenhangs, oder von den Gesezen der Ideenassoziation überhaupt.

§. 1.

Wir bemerken, daß die Eindrüke, welche unser Gemüth einmal in sich aufgenommen hat, in einem gewissen Zusammenhange erneurt werden, und schliessen daraus, daß sie nicht nur einzeln und zerstreut in demselben daliegen; sondern ordnungsmäsig unter sich verbunden werden.

§. 2.

Untersuchen wir alsdann den, an unsren erneurten Vorstellungen bemerkbaren, Zusammenhang selbst noch genauer: so zeigen gleichsam die Fugen, in welchen sie zusammenlaufen, oder, wir erkennen die Art und Weise wie, und die Geseze, nach welchen sie verbunden werden (Assoziationsgeseze).

§. 3.

Die erste und jedermann bekannte Art, wie sie verbunden werden, ist die gemeinschaftliche Auffassung derselben beym Auswendiglernen. In eben der Folge, in welcher sie aufgefaßt und von Anbeginn zusammengedacht werden, haften sie auch im Gemüthe, und kommen, bey Gelegenheit, auf gleiche Weise in demselben wieder zurük; dies nennt man das Gesez der Ordnung.

§. 4.

Haben wir uns anhaltend gewöhnt, einen Eindruk mit und neben dem anderen, oder in Gesellschaft mehrerer anderen zu denken: so bleiben sie auch vereint, und erneuren sich gemeinschaftlich mit einander, so, daß es bey ihrer Zurükrufung in unserer Wahl steht, welche von ihnen wir zu unserer Absicht gebrauchen wollen. (Gesez der Gewohnheit.)

Anm. Wir gewöhnen uns blos, die Vorstellung von einem Baume mit den Ausdrüken Baum oder *arbor* oder δενδρον zusammenzudenken, und ungeachtet sie mit dem Baume und seiner Natur durchaus nichts gemein haben, so sind wir doch gewis, daß uns diese Ausdrüke, so oft wir an einem Baum denken wollen, wieder beygehen. Auf dem Geseze der Gewohnheit beruht demnach der fertige Gebrauch, den wir von jeder Sprache machen, nachdem das Gedächtniß ihre Zeichen aufgefaßt hat.

§. 5.
Da die Gewohnheit nicht nur auf die Art der Vorstellungen, welche uns bey gewissen Gegenständen beygehen, sondern auch auf den Grad der Fertigkeit, Deutlichkeit, und Lebhaftigkeit, womit sie sich unserem

Gemüthe darstellen, den beträchtlichsten Einfluß hat: so ist leicht zu erachten, wie viel Antheil sie auch an den Urtheilen unseres Verstandes haben muß. Blos aus dem Geseze der Gewohnheit, — insbesondere der frühen Angewöhnung von Kindheit auf — wird erklärbar, wie es in den Jahrhunderten unmittelbar nach Christus, auch bey denen, die übrigens vernünftige Leute waren, so weit kommen konnte, daß man zulezt die ganze Welt nicht mehr für ein, nach einem festen Naturgange fortschreitendes, Ganzes, sondern für eine völlig neue Welt, für ein, von steten Geisterwirkungen und unmittelbaren Eusserungen der göttlichen Allmacht regiertes, magisches Kunstwerk ansahe, womit die Auserkohrenen, vermittelst besonderer Formeln und Gebote, nach Belieben, ihr Spiel treiben können.

§. 6.

Wie man uns von Jugend auf gewöhnen kann, Vorstellungen, die an sich durchaus keine Beziehung auf einander haben, dennoch zusammen zu denken, eben so kann man uns auch von Jugend auf daran gewöhnen, andere, einander noch so nahe liegende, nicht zusammen zu denken. Dieses nenne ich, einem seine Gedanken über diese oder jene Gegenstände isolieren.

Anm. Sehr sinnreich war der Mensch von jeher in Erfindungen, die sich hierauf bezogen. Eine besondere Tracht, vielleicht nur eine, dem Namen vorgesetzte Sylbe konnte machen, daß man gewisse Personen nicht mehr mit der gewöhnlichen Menschenmasse zusammen dachte.

§. 7.

Dies isolieren verursacht, daß der Mensch den gröbsten Ungereimtheiten, ohne Widerrede, bey sich Platz giebt. Denn, um es dahin zu bringen, darf man einen nur gewöhnen, sie mit der Reyhe seiner sonstigen Erfahrungen und den Reglen des gesunden Menschenverstandes ja nicht zusammen zu denken; man isoliert sie ihm; und das kann unter anderem dadurch geschehen, daß man sie ausschliessend in jene Hemisphäre seines Gemüths verweist, wo die Sonne erst aufgehen soll, wann sie vor menschlichen Augen untergeht — in die Sphäre des blosen blinden Glaubens.

Anm. Hieraus begreift man auch, wie selbst in den hellsten Köpfen doch oft noch diese oder jene Vorurtheile bestehen können.

§. 8.

Beyde, das Gesez der Ordnung und das der Gewohnheit, sind zu auffallend, als daß sie nicht auch schon die denkende Vorwelt hätte bemerken sollen. Allein es giebt noch gewisse verborgenere organische Beziehungen unserer Gemüthseindrüke auf einander, welche mit Deutlichkeit und Vollständigkeit heraus zu heben, erst dem Nachforschen der spätheren Philosophie aufbehalten war.

§. 9.

Diese verborgeneren organischen Beziehungen unserer Gemüthseindrüke haben vor den beyden genannten das voraus, daß sie weder vom Erlernen, noch von der Gewohnheit; also keineswegs vom Gedächtnisse: sondern mehr von dem ursprünglichen organischen Combinations-Vermögen eines jeden Kopfes d. i. von der Einbildungskraft abhangen.

Anm. Einbildungskraft ist mir nämlich, ein Vermögen, den sinnlichen Merkmalen wahrgenommener, aber unserer Wahrnehmung wieder entzogener, Gegenstände nicht nur einen fortdaurenden, und ihre Erneurung unserem Organismus unterwerfenden, Bestand, sondern auch eine eigenthümliche Haltung in unserem Gemüthe zu geben. — Ich sage: einen, ihre Erneurung unserem Organismus unterwerfenden, Bestand; weil, wie die Träume beweisen, nicht nur die Willkühr, sondern auch blos ein unwillkührliches organisches Nervenspiel, die Bilder der Einbildungskraft erneuren kann. — Unter Haltung verstehe ich das Eigenthümliche, welches ein gewisses Ganzes, durch die besondere Art seiner Zusammensezung, erhält, wie man in der Sprache der Kunst sagt: die Haltung eines Gemähldes im Kolorit, oder in der Schattirung, und darunter versteht — das Eigenthümliche, welches das Gemählde, durch die besondere Art der Farbenmischung oder die Vertheilung des Lichts und Schattens, erhält.

§. 10.

Es kann sich treffen, daß sich uns, bey einem gemachten Eindruke auf unser Gemüth, oder bey der Erneurung desselben, gerade derjenige ganz ungesucht mit darstellt, welcher ihm entgegen gesezt ist; insbesondere, wenn jener das Höchste in einer Sache, die eine äusserste Gränze derselben bezeichnet: in diesem Falle geschiehet es gar häufig, daß wir uns zunächst auch an die andere erinnern (Gesez des Gegensazes).

Anm. Die Paläste der Hauptstadt erinnern uns leicht an die Hütten, die wir auf dem Lande verliessen; das Unglük an verschwundenes Glük ; der Tod an verschwundene Kraft —

Diese Wang' und diese bleiche Lippe,
Diese Haut, und dorrende Gerippe
Einst des Manns voll Feuer und
    voll Kraft —

Reinhard.

Man sieht, daß dies Gesez den Kontrast, d. i. die auffallende Zusammenstellung des entgegengesezten in der Natur, und die Antithese, d. i. die auffallende Zusammenstellung des entgegengesezten in der Rede, begründe. Es vermehrt überdies nicht nur a) die Zahl unserer Gedanken, indem es, durch Saz und Gegensaz, die Sphäre des Denkens über ein Objekt erfüllt; sondern b) hellt auch unsere Vorstellungen darüber auf, (opposita, juxta se invicem posita, magis elucent:) — trägt daher zum Scharfsinne bey, und endlich c) befördert hauptsächlich dieses Gesez die, von Mendelsohn so schön zergliederten, vermischten Empfindungen.

§. 11.

Es geschiehet ferner oft, daß die Vorstellung der einen Sache unser Gemüth zunächst auf eine solche leitet, welche eine nähere oder entferntere Aehnlichkeit mit ihr hat. Beym Anblike eines, gut getroffenen, Gemåhldes geht uns die Person u. s. w. bey, deren Bild es ist. Hieraus schliessen wir, daß unsere Gemüthseindrüke auch nach den Beziehungen der Aehnlichkeit zusammenhangen. (Gesez der Aehnlichkeit.

Anm. Dies Gesez befördert den Wiz, oder die natürliche Leichtigkeit, Aehnlichkeiten in den Dingen aufzufinden.

§. 12.

Wie wir nur den Anfang eines, von uns auswendig gelernten, Verses hören dürfen, um ihn ganz wieder hersagen zu können; so darf uns auch nur etwas von dem, was wir zu gleicher Zeit, oder innerhalb eines gewissen Zeitabschnittes, sahen und hörten, kurz, was wir uns je zusammen vorstellten, z. B. der Ort einer Begebenheit, wieder vorkommen, um uns das Ganze ebenfalls wieder zu vergegenwärtigen. (Gesetz der Gleichzeitigkeit von Koexistenz). — Bey dieser Kombination erscheint die Einbildungskraft zwar nicht als Selbstbildnerin; aber doch als Nachbildnerin der Natur.

Anm. Vermöge dieses Gesezes stellt sich uns, wie Platner erinnert, beym Theil das Ganze, beym Subjekte stellen sich uns seine Prädikate, bey Nennung eines Namens die Eigenschaften der Person dar, die er bezeichnet, — und der Schwache glaubt sich berechtiget, das, was ihm, vermöge eines Gesezes, das sich blos auf den Zusammenhang der Vorstellungen in seinem Kopfe bezieht, z. B. beym Namen eines Menschen, beygeht, auch wirklich diesem Namen selbst zuzueignen, — dem Namen Christus die Wunderkräfte seiner Person, den Knochen, der mit einem wunderthätigen Heiligen koexistierte, eben das, was die Legende dem Heiligen selbst beymas, — zauberische Heylkraft. An diesen Knochen, wie an den Panzer eines längst verwesten, Helden, und den todten Schedel Raphaels, knüpft sich im Gemüthe noch die Vorstellung von der ehmaligen Größe der Person an; mit der Vorstellung von Größe aber ist schon an sich wieder verbunden der Begrif möglicher Kraft: daher der junge Held, wenn es in Streit geht, lieber den Panzer eines alten Helden, als den eines alten Feigen, anlegen wird; daher der junge Künstler seine Reisfeder an dem Schedel Raphaels streicht. — Unaufgeklärte, furchtsame, auch wohl argwöhnische Leute betrachten Dinge, die nach dem Geseze der Koexistenz in ihrem Kopfe zusammenhangen, gar gerne als Grund und Folge: eine Hungersnoth ist Folge des Kometen, der in einerley Zeitabschnitte mit ihr sich zeigte.

§. 13.

§. 13.

Vernünftigen Menschen ersezt das Gesez der Koexistenz, auf eine vernünftige Art, manchmal noch einigermasen, das, was das Geschik ihnen und der Welt entrissen hat. Man liebt, oder verehrt, was ein Freund, oder merkwürdiger Mann, während seines Lebens, an sich trug, und pflanzt seine Leidenschaft für ihn auf dieses fort; weil er selbst nun nicht mehr da ist.

§. 14.

Eben so kann oft blose Aehnlichkeit die Stelle der abwesenden Sache vertreten. Bilder und Gegenbilder, selbst, wenn diese nur Schatten von jenen sind, hangen enge in unserem Gemüthe zusammen. — Der unglüklichen Caroline Mathilde von Dänemark, ersezt das Bildniß ihres Sohnes, ihren abwesenden Sohn selbst. Gegen dies todte Bildniß ergiest sich ihre mütterliche Zärtlichkeit, und, unter Thränen, spricht sie die Worte gegen ihm hin:

Wer würde so, wie ich, die Lust empfin-
    den können,
Von dir geliebt zu seyn, dich meinen
    Sohn zu nennen, —
Dich, den mit so viel Gram mein ban-
    ges Herz verlies,
Als dich des Schiksals Wuth aus meinen
    Armen ries. —

§. 15.

Schön drükt, in Hallers edler Seele, der tiefe Schmerz über den Verlust seiner Frau, die beyden Geseze der Koexistenz und Aehnlichkeit aus, wenn er in dem Gedichte auf ihren Tod sagt:

— in diesen Thoren
Hat jeder Ort, was mich erschrökt,
Das Haus hier, wo ich dich verloren,
Der Tempel dort, der dich bedekt,
Hier Kinder, — ach mein Blut muß lodern,
Beym zarten Abdruk deiner
    Zier:
Wenn sie dich stammlend von mir fodern,
Wo flieh' ich hin? — o gern zu dir.

§. 16.

Aus §. 14. und 15. erhellt, daß unser Gemüth, insbesondere durch leidenschaftliche Bewegungen, veranlaßt werden könne, seine Eindrüke, nach den Gesezen der Koexistenz und Aehnlichkeit, zu erneuren. Je lebhafter wir für etwas, oder gegen etwas, eingenommen sind; desto leichter führt uns eine, auch nur entfernte, Aehnlichkeit auf seine Vorstellung zurük: je tiefer und inniger, je froher, oder wehmüthiger, unsere Empfindungen an einem Orte waren; desto gewisser erneuren sich in uns, beym Wiederanblike dieses Orts, die Szenen unseres Lebens, die mit ihm koexistierten.

§. 17.

Allein die Wirkung der Leidenschaften auf unser Vorstellungs=Vermögen, hält sich nicht nur an den Leitfaden der Koexistenz — und Aehnlichkeitsgeseze; sondern lauft auch, ausser diesem, nach ganz eigenen Richtungen fort; und man betrachtet daher, in der Lehre vom organischen Zusammenhange unserer

Vorstellungen, den Einfluß der Leidenschaf­ten auf denselben noch besonders. (Allge­meine Praktische Philosophie Seit. 84 — 85).

§. 18.

Das Grundgesez, in Absicht auf diesen Einfluß, ist, daß, sowohl die Hauptleiden­schaft eines Menschen, als auch seine vor­übergehenden Gemüthsbewegungen vorzüglich eben solche Vorstellungen in ihm erweken, die ihnen gemäs sind: theils a) als Mittel zu ihrer Unterhaltung und Verstärkung, theils b) als Mittel ihrer Befriedigung. In so ferne neue Vorstellungen von solchen Din­gen, die mit dem Gegenstande der Leiden­schaft Aehnlichkeit haben, oder mit ihm bey­sammen sind, und waren, Mittel zu bey­dem werden: Vorstellungen von Dingen aber, die ihm gerade entgegengesezt sind, wenig­stens zur Unterhaltung und Verstärkung der Leidenschaft, dienen können; in so ferne hält auch sie sich an die gewöhnlichen Gese­ze der Aehnlichkeit, Koexistenz und des Ge­gensazes.

§. 19.

Allein bey der Lebhaftigkeit, die ihr eigen ist, darf man sich nicht wundern, wenn sie 1) diese Geseze in eine ungewöhnlich schnelle Thätigkeit sezt, z. B. Saz und Gegensaz, das Größte und das Kleinste oft unerwartet schnell vereiniget (nunc decet aut viridi nitidum caput impedire myrto — pallida mors æquo pulsat pede —) wenn sie 2) den Gang unserer Vorstellungen überhaupt beschleuniget, wenn sie dieselbe, 3) durch diesen beschleunigten Gang, aus den Gränzen ihrer sonstigen Ordnung herausreißt; daher sie oft a) Vorstellungen zusammenbringt, die bey ruhigem Gemüthe sich nie berührt hätten; und eben darum neue Gedanken und Entdekungen, aber auch Sprünge und Schiefheit im Urtheilen, veranlaßt; daher sie b) unzusammenhangend und abgebrochen in der Rede: (les ejaculations de reconnoissance, les monosyllabes de la douleur, ou de la joie paternelle :), aber auch c) mannigfaltig in den Wendungen, den verschiedenen Ansichten eben desselben Gegenstandes, und in den Mitteln und Wegen, auf ihn zurük zu kommen, macht (Ovidii Triſtia & ex Ponto).

Anm. Mit jedem Schlage des pochenden Herzens, windet ſich, im bewegten Gemüthe, der Gegenſtand ſeiner Bewegung wieder nach einer andern Seite, und die Leidenſchaft fordert ohne Ordnung, bald von dieſem, bald von jenem Geſeze, von dieſer, und dann von jener Gemüthskraft einen Tribut für ihn: der Zorn z. B. macht oft alle Tropen und Figuren, Ironie, Hyperbel u. ſ. w. durch; daher auch ein Kritiker von ihm ſagt, er laſſe keinen Winkel in der Seele leer, der nicht Rache zur Abſicht habe. — Er ergreift alles, was mit ihm im Gemüthe koexiſtiert; theils als Nahrung; theils, wenn man ihn nur irgend daran auslaſſen kann, — als Befriedigung: oft wird er auch Dinge übergehen, die nur die entfernteſte Aehnlichkeit mit ſeinem Gegenſtande haben, und ſich an ihnen kühlen. Der Leichtigkeit und Lebhaftigkeit, womit man, bey leidenſchaftlichen Bewegungen, mit dem Geſeze des Gegenſazes ſpielt; und womit man ſich, eben aus dieſem Grunde, die Möglichkeit des Gegentheils vorſtellt, iſt es auch zuzuſchreiben: wenn wir im Zorne gewöhnlich glauben, die Beleidigung, welche ihn erregte, das Uebel überhaupt, das ihn veranlaßte, hätte ſo gar wohl können vermieden werden. Dies nährt und reizt ihn immer noch mehr; je mehr er, ſtatt der Unvermeidlichkeit, oder Rechtmäſigkeit des Falls, dem Gemüthe Vorſtellungen von bloſſer Vernachläſigung einer Pflicht, oder gar von ausgeſuchten boshaften Abſichten, alſo mit einem Worte, von der gar wohl gedenkbaren phyſiſchen und moraliſchen Möglichkeit des Gegentheils vorhält. Genau ſo verhält es ſich auch mit der Traurigkeit: auch ſie ſtellt uns das Uebel, woraus ſie entſprang, als etwas ſo gar leicht vermeidliches vor, und nährt und verſtärkt ſich an dieſer Vorſtellung: ja ſelbſt unſere Freude verſchaft ſich dadurch einen Zuwachs, daß ſie uns die Möglichkeit des Gegentheils wurde, von dem, wodurch sie uns erwekt wurde, — also ihre eigene Zufälligkeit, recht lebhaft vor Augen stellt. Je grösser die Gefahr war, je unübersteiglicher die Schwierigkeiten schienen, desto süsser und inniger der Genuß! Offenbar gewinnt er hier dadurch, daß die Möglichkeit seines Gegentheils dem Gemüthe so lebendig vorschwebt.

§. 20.

Ist der ordentliche Gang unserer Vorstellungen einmal durch eine Leidenschaft gestört, und sie wird immer heftiger: so durchbricht sie endlich vollends alle unsere Gedankenreyhen, die wie ihr, als Dämme, entgegensezen, und ihr Gegenstand bringt sich in alles ein, was wir auch denken, oder beginnen mögen, um uns seiner zu entschlagen.

Anm. Wir haben was ganz anderes im Munde; und jenes Uebel im Herzen: daher wir dann oft in diesem Falle, unsere gewöhnlichsten Geschäften so verkehrt anfangen; daher auch Entfernung und Zerstreuungen anfänglich nichts nützen: denn, noch so entfernt ist jener Gegenstand unserem Gemüthe nahe; und mitten im Getümmel macht er uns einsam. An die fremdartigsten Vorstellungen, reyht er sich an: weil aber an diesen fremdartigen Vorstellungen doch immer auch wieder andere neue hangen, so kann vermittelst dieser, das Gemüth nach und nach abgeleitet werden, von jenen eigenmächtigen Störer aller seiner Verrichtungen.

§. 21.

Da die veränderten Glücksumstände eines Menschen gewöhnlich auch wieder andere Leidenschaften in ihm zur Herrschaft befördern; anderen dagegen Abbruch thun: so stimmen sie oft die ganze Denkungsart eines Menschen um. Andere Leidenschaften, andere Gedankenreyhen; folglich auch eine veränderte Sinnesart, bey dem, der sich mehr durch das zufällige organische Spiel seiner

Vorstellungen, als durch Grundsäze eines überlegenden Verstandes, und Geseze der Vernunft, in seinen Entschlüssen leiten läßt.

Abdolonimus, quotidianum victum ex hortuli cultu quærere suis manibus assuetus, cum destinaretur ad Sidoniorum regnum, optavit, ut, qua modestia inopiam tulerat, ea sceptrum pati posset.

§. 22.

Dies sind die Geseze, auf welche man bisher den Zusammenhang unserer Vorstellungen zurükzubringen gewohnt war; allein eines scheint noch übrig zu seyn, das nicht nur wegen der befriedigenden Aufschlüsse, die es über mehrere wichtige Erscheinungen des menschlichen Gemüths ertheilt; sondern auch deßwegen Aufmerksamkeit verdient, weil es alle andere, so eben genannte, unter sich begreift.

Zweyter Abschnitt.

Von dem Geseze der Ergänzung, als einem Grundgeseze der Ideenassoziation.

§. 1.

Unserem Gemüthe ist eine natürliche Abneigung gegen alles Leere (fuga vacui) eingedrükt; und es strebt daher, dasselbe zu erfüllen, d. i. den Gang seiner Vorstellungen, Gedanken und Empfindungen vorzüglich dahin zu lenken, wo es jene Leerheit gewahr wird. (Gesez der Ergänzung).

§. 2.

Das Leere selbst ist entweder 1) sinnlich, oder 2) intellektuel. Das Sinnliche bezieht sich wieder theils a) auf den Raum, theils b) auf die Zeit; das Intellektuelle, theils a) auf einen Mangel an beschäftigenden Vorstellungen überhaupt; theils b) auf einen

Mangel an Vollendung in unseren Vorstellungen d. i. an einer befriedigenden Fortführung derselben bis zu den möglichen Gränzen ihrer Bearbeitung; es sey nun durch ihre Verbindung, oder Trennung; durch ihre Verallgemeinung, oder Vereinzelung: durch ihre Berichtigung, und die Verstärkung ihrer Ueberzeugungskraft, oder durch ihre Anwendung. Ehe und bevor wir sie, auf die eine, oder die andere Art, bis an die Gränzen ihrer möglichen Bearbeitung gebracht haben: ist für uns, in Rüksicht auf sie, immer noch etwas Leeres in unserem Gemüthe übrig, das dieses, so bald es dasselbe bemerkt, auszufüllen bestrebt ist.

§. 3.

Das sinnliche Leere bezieht sich demnach zuerst a) auf den Raum. — Der Raum erscheint uns als etwas Ausgedehntes; folglich kann er, wenn ihn unser Gemüth, als Raum, erfüllen soll, von ihm mit nichts anderem erfüllt werden, als mit Bildern. Auf die, von dem menschlichen Gemüthe überhaupt; und in dem einen Kopfe mehr, als in dem anderen, unumgänglich geforderte, Ausfüllung des Leeren im Raume, als Raum, gründet sich demnach die Dichtung.

Anm. Daher der Luftkreis, und die Klüften und Hölen der Erde, schon von den Urgeschlechtern der Menschheit, mit Dichtungen erfüllt worden: daher das Leere der Nacht, oder das Anschauungslose eines nächtlich dunkelen Kerkers, welche beyde alle Körper umschleyern, und also dem Gemüthe von aussen, blos zum Gebrauche seiner Raumvorstellungen, Plaz und Gelegenheit übrig lassen, so fruchtbar sind an allerley Dichtungen; insbesondere in Köpfen, welche ununterrichtet, oder zum tiefern Denken nicht gebohren, den Drang ihres Gemüths nach Ergänzung des Leeren, auf keine andere Art zu befriedigen wissen, als auf eine sinnliche d. i., in dem gegebenen Falle, blos dadurch, daß sie sich, in ihren Geistes-Beschäftigungen, hauptsächlich eben, an die Natur und

und das Wesen ihrer Raumvorstellungen, halten.

§. 4.

Das sinnliche Leere bezieht sich b) auf die Zeit. Die verflossene Zeit denken wir uns als erfüllt: die künftige als leer. Da nun unser Gemüth den Gang seiner Vorstellungen vorzüglich dahin zu lenken gewohnt ist, wo es eine Leerheit gewahr wird (§. 1.): so ist deutlich, warum wir 1) mit unseren Vorstellungen überhaupt leichter vorwärts als rückwarts schreiten, leichter auf die Folgen, als auf den Grund übergehen: dort ist noch etwas leeres (in der Zeit); hier schon etwas erfülltes. 2) Warum unser Gemüth sich so gerne mit der Zukunft beschäftiget, und sie wenigstens mit Dichtungen erfüllt. 3) Warum wir, wenn, z. B. durch den Tod eines Menschen, ein Mangel an Leben und Realität, also ein Leeres in der Zeit, entsteht, dies Leere, wenigstens noch in unseren Vorstellungen, ergänzen, d. i. die Fortdauer des Todten uns wenigstens immer noch einbilden; ohne zufo̎rderſt durch Gru̎nde darzu be‍rechtiget zu ſeyn: (Glaube der Wilden an Fortdauer nach dem Tode). Warum wir, wenn man uns die, fu̎r uns ſchon einmal, auf dieſe oder jene Art, erfu̎llte, Zeit wie‍der zuru̎kholt, d. i. uns etwas Altes vor‍bringt, dies Alte ſo verdrießlich finden. Wir finden da nichts mehr auszufu̎llen; und doch ſind wir gewohnt, jeden Zuſaz einer neuen Zeit zu der alten, als etwas, auch uns, zu irgend einer Erga̎nzung gegebenes, zu be‍trachten.

§. 5.

Da die leere Zeit von uns angeſehen wird, wie ein leerer Raum: ſo folgt von ſelbſt, daß auch ſie, wenn ſie blos, als ein, ra̎umlich vorgeſtelltes, Leeres erfu̎llt wer‍den ſoll, zu ihrer Erfu̎llung, Bilder, d. i. Dichtungen nothwendig mache. Dichten, ſeiner Form nach betrachtet, heißt demnach nichts anders, als ſeine Gedanken u̎ber eine Sache, nach der Natur und dem Weſen ſeiner Raum ‑ und Zeitvorſtellungen, er‍ga̎nzen. Geſchiehet dies ohne alle Spu‍

ren eines leitenden Verstandes: so ist es, im eigentlichen Sinne des Worts, träumen.

§. 6.

Am auffallendsten bestätiget die theatralische Vorstellung, diesen Begrif vom Formale des Dichtens. Hier lassen wir uns unsere Gedanken von Gegenständen und Begebenheiten, durch Vergegenwärtigung derselben nach Raum und Zeit, vermittelst der Schauspieler, des Kostumes und der Verzierungen der Bühne, genau nach der Natur und dem Wesen unserer Raum- und Zeitvorstellungen ergänzen. — Ferner besteht das Wesen aller bildenden Künste in der Zeichnung; folglich in der Ausführung, oder Ergänzung eines gewissen Gedanken nach Raumvorstellungen. Jeder Dichter endlich muß uns möglichst zum anschaulichen Genusse des Gegenstandes führen, den er, als Dichter, darstellen will; und ihn also, sich selbst und uns, nach Raum- und Zeit-Vorstellungen, möglichst ergänzen.

§. 7.

§. 7.

Aus der Natur und dem Wesen unserer Raum- und Zeitvorstellungen, müssen sich daher auch die wesentlichen Eigenschaften des Dichters ergeben. Raum und Zeit lassen sich z. B. a) durch unendliche Mittelstufen beliebig vergrössern oder verkleinern: — eben dies thut die Dichtung; bald vergrössert, bald verkleinert sie; ohne sich an die, von der Natur bezeichneten, wirklichen Gränzen der Dinge zu halten. Der Raum nimmt b) alle, in der Natur gegebenen, oder nicht gegebenen, Gestalten, wenn's nur Gestalten sind, an: die Zeit nimmt sie alle auf; so wie sie alle, geschehene oder nicht geschehene, Begebenheiten aufnimmt. Genau so verhält es sich mit der Dichtung; sie sezt die wunderbarsten Gestalten, Centauren, Chimären, beflügelte Pferde zusammen, und erzählt uns ungeschehene Begebenheiten, die, wenn sie auch vom wirklichen Inhalte der Zeit ausgeschlossen sind, doch der Natur derselben, und ihrem möglichen Inhalte, nicht widersprechen.

C

§. 8.

Nur das Weſen einer ſchönen Kunſt ſcheint ſich mit dem, bey allen Dichtungen von mir zum Grunde gelegten, Begriffe einer Ergänzung unſerer Gedanken nach der Natur und dem Weſen unſerer Raum- und Zeitvorſtellungen, nicht wohl zu vertragen: — es iſt die geiſtigſte von allen, die Tonkunſt. Ich könnte antworten, ſie iſt keine Dichtung mehr, der Tonkünſtler dichtet nicht, und man müßte ſehr uneigentlich reden wollen, wenn man ein ſchönes Konzert eine ſchöne Dichtung zu nennen beliebte. Allein, ich habe nicht einmal nöthig, es bey dieſer Antwort bewenden zu laſſen.

§. 9.

Es iſt ſchon (§. 1.) bemerkt worden, daß die Leerheit, gegen welche unſer Gemüth eine natürliche Abneigung hat, theils durch Vorſtellungen und Gedanken, theils durch Empfindungen könne ergänzt werden.

§. 10.

Wird dem Gemüthe ein Leeres im Raume objectiv dargeſtellt, und es will den Raum als Raum erfüllen: so kann dies nicht anders, als nach der Natur und dem Wesen seiner Raumvorstellungen, folglich durch Gestalten und Bilder, geschehen; — dies nenne ich Dichten. Wird ihm ein Leeres in der Zeit objektiv dargestellt, und es will dies, ihm objektiv dargestellte, räumlich leere in der Zeit, als etwas räumlich leeres, erfüllen: so gehören auch zur Erfüllung dieser Leerheit, wie der ersteren, Dinge, die sie einnehmen, Anschaulichkeiten, Bilder und Gestalten; — auch dies nenne ich dichten.

Anm. Es ist von selbst klar, daß Raum und Zeit hier nicht als das betrachtet werden, was sie subjektiv sind: sondern wie sie jedem Menschen objektiv erscheinen, und nothwendig erscheinen müssen. Eben so wenig werde ich erst erinnern dürfen, was aus dem ganzen Zusammenhange erhellt, daß unter dem Sinnlichleeren von mir nichts anderes verstanden wird, als das in der äusseren Welt, dem erst Anschauungen untergelegt werden müssen: dies aber ist der Fall beym leeren Raume, und der noch künftigen Zeit, objektiv betrachtet.

§. 11.

Wem es nun subjektiv nicht anders gegeben ist, als daß er in seinem eigenen Gemüthe immer noch eine Leerheit gewahr wird, ehe und bevor er seine Gedanken über diesen oder jenen Gegenstand, auf eben die Art, ergänzt hat, als ob er an ihnen noch ein räumlich leeres auszufüllen hätte, das heißt, ehe und bevor er seine Gedanken über diesen oder jenen Gegenstand, nach der Natur und dem Wesen seiner Raum- und Zeitvorstellungen, (in so ferne ihm diese leztere auch als ein räumlich-auszufüllendes, Leeres erscheint,) ergänzt hat, der ist zu dem, was eigentliche Dichtung heißt, gebohren.

Anm. Die reine Mathematik sucht nichts weniger als das, — was hier von der Dichtung gesagt wird; jener ist es gar nicht darum zu thun, wie dieses

Gedanken, nach der Natur und dem Wesen unserer Raumvorstellungen, zu ergänzen, oder, durch die Anwendung der drey wesentlichen Abmessungen des Raums, auch einen Begrif, aus dem abstracto desselben blos ein concretum zu bilden; sondern sie sucht vielmehr die nothwendigen Verhältnisse des Raums selbst, nach der, in jedem Menschen gelegenen, apriorischen (folglich nothwendigen) Anschauung von ihm, als Raum, — zu bestimmen. Einen Triangel berechnen, z. B., heißt nicht aus dem Triangel, als einem abstracto, erst ein concretum machen; sondern vielmehr, einem, schon bereits gegebenen concreto, einer, vor die Augen gezeichneten, Figur, das, was in unseren subjektiven Bedingungen einen Triangel zu construiren, nothwendig liegt, auch als nothwendig zuerkennen: oder, in der, oben angeführten, Anaxagorischen Sprache, — κρατεῖν, imperare Triangulo, ihm Geseze vorschreiben. Das Ergänzen coincidiert also hier mit dem intellektuelten Ergänzen in so ferne, als auch hier etwas von innen auf das äusserliche übergetragen wird, um seine Vorstellung zu vollenden.

§. 12.

Allein die Zeit läßt sich noch von einer anderen Seite, ohne Rüksicht auf das, was sie in der Erscheinung ist, und in ihr, als leer vorgestellt, mit dem Raume gemein hat, — blos subjektiv; folglich als das betrachten, was sie wirklich ist, — als Bedingung aller unserer sinnlichen Gewahrnehmungen.

§. 13.

Als dieses, ist sie auch die Bedingung unserer Empfindungen. Ja es lassen sich die Zeitmomente, in welchen gewisse Empfindungen und Gemüthsbewegungen ablaufen, nach welchen sie steigen, senken, in einander überfliessen, sinnlich ausdruken und beschreiben.

§. 14.

Dies thut die Tonkunst. Beschreibender Ausdruk der Zeitmomente, an welche gewisse

Empfindungen und Gemüthsbewegungen in uns nothwendig gebunden sind, ist ihr Wesen, wie die Zeichnung das Wesen der bildenden Künste. Ich möchte daher die Tonkunst eher eine, nach Zeitmomenten artikulierte, Sprache unserer Empfindungen, als eine Dichtung, nennen.

Anm. Das Formale der Tonkunst besteht, meines Erachtens, in dieser Artikulation, diesem Gliederbaue der Töne nach den Zeitmomenten, worinn unsere Empfindungen ablaufen; ihre Materie sind die Töne selbst, die zum Ausdruke derselben um so geschikter sind, weil jedes lebhaftere Gefühl der Freude, Traurigkeit, Bewunderung u. s. w. schon von der Natur mit einem eigenthümlichen Tone vergesellschaftet ist.

§. 15.

Unsere Empfindungen, (wie bisher, im geistigen Sinne des Worts genommen) haben das mit der Natur unserer Begriffe gemein, daß in der Vorstellung von ihnen, als geistigen Empfindungen, nichts räumliches angetroffen wird. So bald etwas räumliches in ihre Vorstellung aufgenommen wird, sind sie nicht mehr geistige, sondern körperliche Gefühle, Empfindungen körperlicher Wollust, oder körperlicher Schmerzen. Eben so verhält es sich mit unseren Begriffen: so bald etwas räumliches in ihre Vorstellung aufgenommen wird, sind sie nicht mehr Begriffe, nicht mehr das, was man auch bloße Gedanken nennen kann, sondern Bilder.

§. 16.

Diese Abwesenheit alles räumlichen in der Vorstellung beyder, giebt ihnen eben ihre Geistigkeit; und beyde, Empfindungen sowohl als Begriffe, erfüllen daher auch bloß subjektive, in unserem Gemüthe selbst vorhandene, aber keine, objektiv und im Raume dargestellte, Leerheit, in so ferne diese räumlich ist. Dies führt uns nun von selbst zur weiteren Erörterung des, schon oben angeführten, intellektuellen Leeren.

Anm. Uebrigens ist erfahrungsmäsig, daß ein Begrif, je mehr er gleichsam degeneriert, d. i. je mehr er von dem, was ihn zum Begriffe macht, ablegt, und von dem räumlichen annimmt; je mehr er sich also, mit einem Worte, zum Bilde formt; desto stärker auf unser Empfindungs-Vermögen wirkt; die Anzahl möglicher Berührungspuncte für das Gefühl wächst mit der Erweiterung des Umfangs; den ein Begrif, durch die Aufnahme des Räumlichen in seine Vorstellung, erhält.

§. 17.

Das intellektuelle Leere nämlich bezieht sich a) auf einen Mangel an beschäftigenden Vorstellungen überhaupt. Das menschliche Gemüth kann zwar, wenigstens im Zustande des Wachens, nie ganz ohne Vorstellungen seyn: die äussere sowohl, als seine eigene innere, Welt dringt sie ihm auf. Aber an beschäftigenden Vorstellungen hat es denn doch oft einen Mangel; sonst gäbe es keine

Langeweile. Dieser Mangel an beschäftigenden Vorstellungen entsteht nun wieder theils aus dem Verhältnisse dieser Vorstellungen zu unserem Verstande und unserer Einbildungskraft; theils aus ihrem Verhältnisse zum Empfindungs-Vermögen. — Der Verstand und die Einbildungskraft finden an gewissen Vorstellungen keine Beschäftigung, so bald sie nichts an ihnen zu ergänzen wissen, so bald diese Vorstellungen für beyde bereits vollendet sind. Vollendet aber können sie für beyde

1) in dem einen Kopfe seyn, weil er, als ein ganz gemeiner Kopf, sie nicht auf den einen oder dem anderen der, oben (§. 2.) angezeigten, Wege weiter fortzuführen, und an die möglichen Gränzen ihrer Ausbildung zu bringen fähig ist; — daher die gemeinsten Köpfe am meisten von der Langenweile geplagt werden. Vollendet können sie hingegen für den Verstand oder die Einbildungskraft, auch

2) in einem anderen Kopfe seyn, weil er sie bereits ergänzt, und auf irgend eine Art so weit auswickelt hat, als es sein

Kraftmaas in seinen Umständen zuließ;
— alsdann entsteht auch in diesem ein Mangel an beschäftigenden Vorstellungen, eine Leerheit, welche sein Gemüth auszufüllen bestrebt ist.

§. 18.

Der Mangel an beschäftigenden Vorstellungen wird also bey Num. 1. und 2. seinen Grund hauptsächlich im Alten, und eben deßwegen schon Erfüllten, haben; nur mit dem beträchtlichen Unterschiede, daß bey Num. 1. folglich beym gemeinen Kopfe, das Alte aus Kraftlosigkeit, oder Unfähigkeit, es zu bearbeiten; bey Num. 2. hingegen deßwegen, weil es schon möglichst bearbeitet worden ist, eine Leerheit im Gemüthe verursacht.

§. 19.

Indem das Gemüth die, durch das Alte in ihm entstehende, Leerheit auszufüllen, vermöge des Gesezes der Ergänzung gedrungen wird: so wird es, vermöge eben desselben, auf das Neue, als das, in diesem Falle einzige, Mittel der Ergänzung hingetrieben, und dies, wie mich deucht, sehr wichtige Gesetz erklärt uns also den Hang des Menschen zum Neuen nicht nur überhaupt; sondern giebt uns auch zugleich die bestimmtesten, und in der Erfahrung bewährtesten, Aufschlüsse über den Unterschied dieses Hangs nach der Verschiedenheit der Köpfe.

§. 20.

Der geschäftige Mann von Kopf wird das Neue suchen, weil er das Alte und Gewohnte bereits, nach möglichsten Kräften, bearbeitet, folglich nichts weiter daran zu ergänzen hat; und sein Gemüth doch keine Leerheit, keinen Mangel an beschäftigenden Vorstellungen, dulden will. Der gemeine Mensch wird das Neue suchen, weil er aus Kraftlosigkeit des Willens, oder Unfähigkeit des Kopfes, das Alte gar nicht bearbeiten, folglich nichts daran ergänzen kann, und sein Gemüth doch auch keine Leerheit, keinen Mangel an beschäftigenden Vorstellungen, dulden will.

§. 21.

Aber es ist noch etwas zurük, das unsere Vorstellungen für das Gemüth beschäftigend machen kann, oder nicht; das ihm also, an seinen selbst eigenen Vorstellungen, Stoff zu seiner intellektuellen Unterhaltung geben, oder nehmen, kann, — das Verhältniß nämlich, worinn dieselbe (§. 17.) zum **Empfindungs-Vermögen stehen.**

§. 22.

Sind gewisse Vorstellungen, auf die eine oder die andere Art, für einen schon vollendet; entweder, weil man nichts zuzusezen wußte, oder, was in seinen Kräften war, schon zugesezt hat: so greifen sie auch in das Empfindungs-Vermögen nicht scharf genug mehr ein, lassen also auch dieses leer und unbefriediget.

§. 23.

Ist dies Empfindungs- oder Gefühlvermögen ohnehin sehr lebhaft; und fordert es daher auch kräftigere Eindrüke, die durch ihre Elasticität, wenn ich so sagen darf, an seine eigene Spannung reichen: so sind ihm Vorstellungen, woran der Verstand (in anderen Fällen die Einbildungskraft) schon alles gethan zu haben glaubt, was sich an ihnen thun ließ, vollends gar bald entleidet; und es bringt daher nicht nur in kurzer Zeit wieder aufs neue; sondern lauft auch sehr oft dem Verstande vor: indem es ihm 1) nicht Zeit genug läßt, die Alten, für seine (des Gefühlvermögens) Forderungen schon zu matt gewordenen, gehörig zu entwiklen, theils ihm 2) durch die Befriedigungen die es für sich aus dem Neuen, blos als Neu, schöpft, manche Lüken, die er, bey ruhiger Prüfung, daran entdeken würde, verbirgt, theils 3) ihn so gar beredet, eben diese Befriedigungen, die es für sich daran findet, seyen auch Befriedigungen für ihn; — Lebhaftigkeit seye Wahrheit und Ausführbarkeit. — Man sehe die neueste Geschichte eines ganzen Volks.

 Anm. Füllt die Lebhaftigkeit des Gefühls das ganze Gemüth; gesellt sich En-

thusiasmus zu gewissen Vorstellungen:
so ist an ihnen dem Gesetze der Ergänzung schon, vermöge dieser Erfüllung
des ganzen Gemüths durch sie, Genüge
geschehen; die Macht der Empfindung
vertritt die Stelle eines, sie nach seiner
Art vollendenden, Verstandes.

§. 24.
Sind gewisse Vorstellungen entweder für
den Verstand oder die Einbildungskraft eines Menschen noch nicht vollendet, weiß die
eine, oder der andere, noch etwas beyzuse-
tzen: so werden sie auch für sein Gefühlvermögen noch Reiz haben, und umgekehrt,
was in einem anreizenden Verhältnisse zu seinem Gefühlvermögen steht, das wird auch
seinem Verstande, wenigstens seiner Einbildungskraft, beschäftigende Vorstellungen zu-
führen.

Anm. Merkwürdig ist, daß Vorstellungen, die, ihrer Natur nach, unbe-
gränzt sind; an deren Vollendung also
Einbildungskraft und Verstand erliegen

müssen, sich alsdann so von selbst noch an das Gefühl anschmiegen, gleich als ob dieses doch noch etwas zum Supplemente für sie hergeben könnte.

§. 25.

Uebrigens kommt ungemein viel darauf an; ob es vorzüglich das Verhältniß gewisser Vorstellungen zu unserem Gefühlsvermögen, oder aber zu unserem Verstande war, das sie zu beschäftigenden Vorstellungen in unserem Gemüthe erhob; und ist es ihr Verhältniß zu unserem Gefühlvermögen, ihr Reiz für dieses, was sie vorzüglich dazu erhob: so fragt sich wieder; war unserem Gefühlvermögen die Reizbarkeit für diese Art von Vorstellungen natürlich, oder ist sie nur erkünstelt (durch Lektüre, Nachahmung u. s. w.)

§. 26.

rü ndet sich die Erhebung gewisser Vorstellungen zu beschäftigenden, vorzüglich auf ihr Verhältniß zu unserem Verstande; also darauf, daß dieser die, von seiner Seite mög-

möglichen, Ergänzungen derselben, mit Deutlichkeit einsieht, und eine natürliche Reizbarkeit des Empfindungs-Vermögens für eben dieselben Vorstellungen unterstüzt ihn noch in einem hohen Grade, (würde selbst dies Empfindungs-Vermögen in sich eine unerträgliche Leerheit verspühren, wenn der Verstand nicht gerade jene Vorstellungen bis an die Gränzen ihrer Entwiklung verfolgte:) alsdann kann man auf Beharrlichkeit rechnen, und darf sicher seyn, daß etwas herauskommt.

Anm. Die natürliche, und in einem hohen Grade vorhandene, Reizbarkeit des Gefühlvermögens für gewisse Vorstellungen betreibt ihre Erhebung zu beschäftigenden, instinctmäsig, also mit einer unwiederstehlichen, und immer wiederkehrenden, Stärke.

§. 27.

Lagen aber gewisse Begriffe nur im Gedächtnisse da; gewisse Bilder hatten sie sich nur aus fremden Gemüthern, in diese Ein-

D

bildungskraft, verpflanzt, und eine Reizbarkeit für sich im Gefühlvermögen erkünstelt: sind also die beschäftigenden Vorstellungen, nicht aus eigener Kraft des Verstandes, dazu erhoben, nicht durch einen eigenen hohen Grad eines ungezwungenen Naturgefühls für sie, genährt worden: so sind es heraklitische Sonnen, oder französische Constitutionen, was daraus entsteht.

§. 28.

So viel vom Intellektuellen Leeren, in so ferne es sich auf einen Mangel an beschäftigenden Vorstellungen überhaupt beziehet! Allein es kann sich, wie gesagt wurde (§. 2.), b) auch beziehen auf einen Mangel an Vollendung in unseren Vorstellungen, d. i. an einer befriedigenden Fortführung derselben bis zu den möglichen Gränzen ihrer Bearbeitung. Soll diese Leerheit, als intellektuel, ausgefüllt werden, so müssen die erhaltenen Gemüthseindrüke durch Gedanken ergänzt, es muß überlegt, und nach den Regeln des Verstandes verknüpft werden. Auf diese Weise werden unsere Vorstellungen von einer Sache, fortgeführt bis zu den möglichen Gränzen ihrer intellektuellen Bearbeitung.

Anm. Unter Gedanken verstehe ich das, was Verstand und Vernunft subjektiv zu einem Gemüthseindruke hinzuthun.

§. 29.

Wem diese Art von Leerheit bey gegebnen Vorstellungen schon von Natur mehr auffällt, als jede andere; und wer daher sich auch von Natur schon getrieben fühlt, die erhaltenen Gemüthseindrüke hauptsächlich durch Gedanken zu ergänzen, der ist der wissenschaftliche und philosophische, ist, wie wir auch sagen, ein, aus sich selbst schöpfender, und daher des Neuen und Abwechslenden am wenigsten bedürftiger, Kopf.

§. 30.

Aus den gesagten erhellt, daß das Gesetz der Ergänzung auch die Verschiedenheit der Köpfe in kein ganz unbeträchtliches Licht stellt:

D 2

§. 31.

Wer nämlich, mit angebohrener Leichtigkeit, seine Gedanken über die Gegenstände, nach der Natur und dem Wesen seiner Raum- und Zeitvorstellungen, ergänzt, ist das dichterische oder Künstlergenie. Wer hingegen erhaltene Gemüthseindrüke hauptsächlich durch Gedanken zu ergänzen, innerlich gedrungen wird, ist der philosophische Kopf. Wer endlich, weder auf die eine, noch auf die andere Art, selbst und subjektiv ergänzt, sondern sich vielmehr von aussen, oder objektiv, die Leerheit seines Gemüths muß ergänzen lassen, der ist der gemeine Kopf.

§. 32.

Dieser Unterschied des wissenschaftlichen, oder philosophischen, Kopfs vom dichterischen und Künstlergenie liesse sich vielleicht mit anderen Worten auch so ausdruken: bey jenem lauft das Geschäfte der Ergänzung seiner Vorstellungen, mit angebohrener Leichtigkeit, an dem Leitfaden der Kategorieen und Reflexionsbegriffe fort; bey diesem an den Sinnlichkeitsformen. (Raum und Zeit.)

§. 33.

Was den philosophischen Kopf insbesondere anbelangt, so kann man sich auch seine specifischen Verschiedenheiten aus den, (§. 2.) angeführten, mannigfaltigen Arten erläutern, wie Vorstellungen durch Gedanken ergänzt werden können.

§. 34.

Man kann überhaupt entweder synthetisch, d. i. das Allgemeine durch das Besondere, oder analytisch, d. i. das Besondere durch das Allgemeine, ergänzen. Wie ich bey einem Stammbaume entweder vom allgemeinen Vater, vom Urvater, synthetisch zum besonderen, nämlich zum jeztlebenden Sohne herabsteigen, oder vom Sohne anfangen, und analytisch zum Urvater aufsteigen kan.

§. 35.

Der eine sieht ferner, beym Geschäfte des intellektuellen Ergänzens, im Allgemeinen leichter das noch Allgemeinere, (Metaphysisch-philosophischer Kopf;) — der andere leichter im besonderen das Allgemeine, oder im Allgemeinen das Besondere, (Empirisch-philosophischer Kopf).

§. 36.

Wer nun aber auch, in der bisherigen Zergliederung des Gesezes der Ergänzung, nicht mit mir einverstanden seyn sollte, den hoffe ich wenigstens, vom Daseyn desselben in unserem Gemüthe überhaupt, und dann insbesondere in der Aufeinanderfolge unserer Vorstellungen, dadurch zu überzeugen, daß ich 1) noch einige Erscheinungen des menschlichen Gemüths anführe, worinn sich die Wirksamkeit desselben mit besonderer Stärke ausdrükt; daß ich 2) alle übrigen Associationsgeseze unter dasselbe, als ihr Grundgesez, zurukbringe.

§. 37.

Die Erscheinungen des menschlichen Gemüths, worinn sich die Wirksamkeit des Gesezes der Ergänzung, mit besonderer Stärke, ausdrukt, sind folgende:

§. 38.

a) Das Quälende der Ungewisheit über unser Schiksal, oder des Zustandes, wo man zwischen Furcht und Hofnung schwebt. Lieber will man das, was einem bevorsteht, sey's auch noch so schlimm, ganz, als nur halb, wissen.

§. 39.

b) Die Unruhe, worinn man uns, über was man will, versezen kann, durch blose, zwar bedeutende, aber doch nicht ganz entscheidende, Winke, Blicke, Mienen, Worte, kurz durch erregte Erwartungen. Man darf nur diese Art des Leeren (vermittelst der Unvollständigkeit der Zeichen,) in unserem Gemüthe künstlich veranstalten, um gewiß zu seyn, daß sich unsere Gedanken und Phantasiebilder dahin ziehen werden. Vielleicht beruht auf der, immer neuen, Erregung von Erwartungen auch grossentheils die Macht der Glükspiele über manche Gemüther: gewiß beruht darauf die Wirkung des Dunkeln in der Sprache, ja der ganzen Anstalt der Orakel, und dessen was dahin gehört, so wie die Wirkung der Verwiklungen und des Knoten im Schauspiele.

§. 40.

c) Die Beharrlichkeit, womit wir alles, was eine gewisse Person thut, auf das Prädikat zurükführen, unter das wir die Vorstellung von ihr, (wahr oder falsch) nun einmal gebracht haben, und die unverdrossene Sorgfalt, womit wir alle Lüken ausfüllen, die in unserer, von ihr gefaßten, guten oder bösen Meynung, durch dies und jenes veranlaßt werden können. Wir wollen einmal ein Ganzes, etwas vollständiges wollen wir haben; und eher steigen wir also mit ihr vom Komparativus zum Superlativus hinauf, als daß wir uns von jenem zum Positivus herunterliessen. Man darf sich daher in dem Gemüthe anderer nur ein gewisses Prädikat erwerben, oder, was häufig geschehen mag, —erbettlen, um gewis zu seyn, daß man's bey ihnen bald, mit der Achtung für seine Person, vom Bedingten zum Unbedingten gebracht haben werde. Man verschaffe sich z. B., in der Opinion, nur das Prädikat eines Mannes, der, wie es die Volkssprache sehr naiv ausdrukt, mehr kann als Brod essen, und man darf versichert seyn, daß einem, in der Opinion, alsdann bald nichts mehr unmöglich ist. Wer es so weit gebracht hatte, dem Pöbel (d. i. den Unaufgeklärten) etwas, für ihn wunderbares, vorhersagen zu können; der machte es auch: wer den Amerikanern eine Mondsfinsterniß vorhersagte, machte die Mondsfinsterniß in eigener Person, — und es ist also begreiflich, wie man aus dem Propheten und Wahrsager, ja durch denselben, auch ein Wunderthäter nicht nur werden konnte, sondern, in der Opinion, werden mußte. Man hatte einmal das Prädikat eines Mannes, der mehr konnte, als Brod essen. — Apulejus sagt von den Magiern: eos vero Magos nominant, quasi *facere* etiam *sciant*, quæ *sciunt fieri*. Im Oriente glaubte man, ein sterbender Vater, der nach der Kunde, die er von seiner Familie hatte und haben mußte, dem einen Gutes, und dem anderen Böses, verkündete, mache selbst, daß man Gutes oder Böses erfahre; und sezte daher einen lebenslänglichen Werth in den Abschiedssegen des Sterbenden. Auch ihn brachte man nun, an der Gränze des Lebens, nicht mehr unter das Prädikat eines Menschen, wie sie sonst sind; er wußte, wie bey den Griechen, in diesem Zeitpuncte mehr als andere, und dies war schon genug, um ihn das, was er mehr wußte, auch selbst bewirken zu lassen.

§. 41.

d) Die Beharrlichkeit, womit wir auch in Kleinigkeiten nicht eher nachlassen, als bis wir etwas, in seiner Art vollständiges, einen *numerus rotundus*, ein Ganzes haben. (Home führt in seiner Geschichte der Menschheit, mehrere, hieher gehörige, und sehr auffallende, Beyspiele an, die ich beyzusezen für überflüßig halte, da alltägliche Erfahrungen dafür sprechen).

§. 42.

e) Die Gewandheit, womit wir, wenn die Ergänzung auf die eine Art nicht angeht, sie nun auf eine andere zu bewerkstelligen wissen. Hieher gehört folgende Erscheinung. Der Mensch fühlt es schon, ohne daß es ihn die Logik deutlich denken gelehrt hat, daß zu einer richtigen Induction eine vollständige Aufzählung aller Individuen, die zu einer Unterart u. s. w. gehören, erfordert werde; wenn das, was vom Einzelnen gilt, auch vom Ganzen soll ausgesagt werden können. In den meisten Fällen ist ihm nun eine solche vollständige Aufzählung unmöglich. Was thut er also? — Er ergänzt (wahr oder falsch) das Abgehende auf eine andere Art; indem er das, was ihm kollektiv zu den Bedingungen einer assertorischen Aussage fehlt, durch eine Steigerung seiner Begriffe von diesem oder jenem einzelnen Gliede der Kette, und durch die Reichhaltigkeit ersetzt, die er nun diesem einzelnen Gliede, im Bezuge auf seine Frage, beylegt. — Darf ich den Menschen überhaupt trauen oder nicht? — fragt ein junger Mann sich selbst; kollektiv kann die Frage nicht entschieden werden, die Induction muß dießfalls immer unvollständig bleiben: denn es ist unmöglich, alle Menschen

kennen zu lernen. Wie erſezt er dieſen Ab‑
gang? — Er wählt ein einzelnes Glied der
Kette, dem er noch die größte Reichhaltigkeit
in Abſicht auf ſeinen Zwek, — die größte
Ehrlichkeit, — zutrauen zu darfen glaubt:
dieſes einzelne Glied iſt ihm inſtar omnium,
betriegt dieſes Einzelne: ſo iſt keinem Men‑
ſchen zu trauen. Das particulare wird durch
eine qualitative Steigerung ſeines Begrif‑
fes hier, wie in tauſend Fällen, von uns
zum univerſale erhoben. Wir machen es, wie
ehmals Rom mit ſeinen Horaziern: hi, ſagt
Livius, totius exercitûs animum gerebant,
in ihnen ſiegte oder verlor das ganze Heer.
Oder wir befolgen vielmehr den Rath Ju‑
piters, der beym Julian (Καισαρες p. 56 Ed.
Laſii) den Rittern den Vorſchlag thut, man
ſolle, nach Art der Griechen, nur den tapfer‑
ſten der Heroen zum Kampfe auswählen,
und fände ſich alsdann noch einer, der die‑
ſen überwinde, ſo ſeyen in dieſem Einen ſchon
alle andere bezwungen.

§. 43.

f) Der natürliche Trieb, vermöge deſ‑
ſen der Menſch, wenn er unfähig iſt, ſeine

Gemüthseindrüke von gewissen Erscheinungen, durch Gedanken zu ergänzen, sich innerlich gedrungen fühlt, die Ergänzung nach der Natur und dem Wesen seiner Raum- und Zeitvorstellungen vorzunehmen, d. i. zu dichten, und sich Erscheinungen, ja den Ursprung der ganzen Welt, durch Dichtungen zu erklären. (Dichterische Kosmogonien, Mythologie, Dämonologie u. s. w.)

§. 44.

In diesem lezten Puncte (Num. f) wirkt das Gesez der Ergänzung so stark, daß es den Menschen bestimmen kann, den subjektiven Geschöpfen seiner dichtenden Einbildungskraft, so gar ein objektives Daseyn beyzulegen. Ist er nämlich unfähig, sich eine Erscheinung, in oder ausser ihm, durch Naturkräften zu erklären, und jenes Gesez der Ergänzung dringt ihn jedoch, die Vorstellung von jener Erscheinung durch irgend etwas, das sich ihr, als Grund, vorsezen läßt, zu vollenden: so bestimmt ihn oft blos die dringende Forderung jenes Gesezes, diesem oder jenem

Geschöpfe seiner dichtenden Einbildungskraft ein objektives Daseyn zu ertheilen, und es nun gewissen, seinem Verstande unerklärlichen, Erscheinungen, als bevollmächtigten Stellvertreter eines erfahrungsmäsigen Grundes, vorandzusetzen, eh' als daß er seine Vorstellung darüber ganz unvollendet liese.

§. 45.
Diese Beförderung eines, auf gewisse Erscheinungen als ihr Grund bezogenen, Phantasiebildes, zur Objektivität, geht um so leichter von statten; weil es schon, als Bild, 1) der Natur und dem Wesen unserer Raum- und Zeitvorstellungen, also den wesentlichen Bedingungen einer wirklichen Erfahrung entspricht; da im Gegentheile Vernunftgründe, als blose Begriffe, (§. 15. 16.) alles Räumliche ausschliessen; folglich einen gerade mit der wesentlichen Bedingung aller äusseren Gewahrnehmungen (dem Raume) gar nicht ankommen lassen.

§. 46.
Diese Beförderung eines, auf gewisse Erscheinungen als ihr Grund bezogenen, Phan-

tastebildes, zur Objektivität, geht um so leichter von statten; weil es schon, in so ferne es Bild ist, 2) schärfer in unser Empfindungs-Vermögen eingreift, als ein bloser Begrif, (Anm. zum §. 16.) und eben dadurch wiederum an Lebhaftigkeit in der Vorstellung gewinnt. Jeder neue Zuwachs an Lebhaftigkeit aber bringt es der Stärke eines wirklichen sinnlichen Eindruks, also der Objektivität, in unserem Bewustseyn näher. Wird endlich, durch ein Uebermaas des Gefühls, im Zustande der Begeisterung, einer solchen Dichtung der Einbildungskraft völlends eine sinnengleiche Lebhaftigkeit beygebracht: so können wir sie von wirklichen Erfahrungen gar nicht mehr unterscheiden; und sind also genöthiget, ihr ein objektives Daseyn beyzulegen.

Anm. Lebhaftigkeit, weil sie ihren, auch blos eingebildeten, Gegenständen, einen, der Sinnenerkenntniß wo nicht gleichen, doch nahekommenden, Grad der Anschaulichkeit giebt, vermag, in sehr vielen Fällen, weit mehr über unsere

Beystimmung und Ueberzeugung, als die Deutlichkeit, deren Licht von Anstrengungen des Verstandes ausgeht. Wenn Yorik, neben der unglüklichen Maria von Moulies, wie er sagt, unbeschreibliche Regungen fühlt: so wird er nun schlechterdings überzeugt; er habe eine Seele, und alle Bücher, womit die Materialisten die Welt überschwemmten, können ihn, wie er glaubt, von jezt an nie mehr vom Gegentheile überzeugen.

§. 47.

Kant hat gezeigt, wie wir darzu kommen, gewissen Ideen, vermöge der ursprünglichen Einrichtung unserer Vernunft, Objektivität beyzulegen. Aus dem bisherigen (§. 44. — 46. incl.) scheint mir zu erhellen, wie wir darzu kommen; — wie insbesondere die Urwelt, ehe sie sich noch zu jenen Ideen metaphysisch erhob, darzu kam, — gewissen Bildern, vermöge des Ergänzungsgesezes und der ursprünglichen Einrichtung unserer Sinnlichkeit, Objectivität zu ertheilen.

len. — Zur Erläuterung des 46sten §. aus der Analogie, seze ich nur noch folgendes bey.

§. 48.

Durch einen starken Reiz des Gefühls (als Gemüths-Zustand betrachtet) kann unser Sehorgan, und können unsere übrigen Sinnen, erfahrungsmäsig, von innen in eben die Verfassung gesezt werden, in welche sie sonst von aussen, bey der wirklichen Gewahrnehmung eines gegebenen Gegenstandes gesezt zu werden pflegen. Der Baron, dem Millwiz (bey Engel) die Untiefen der Höle auf Antiparos nur mündlich schildert, hält die Hand vor die Augen, und sagt: — soll mich Gott verdammen, lag ich nicht in Gedanken schon unten! — Ein Schauspieler darf seine Rolle vorerst nur recht innig fühlen; und ist er dies fähig, so kann er hoffen, daß die Stärke seines Gefühls ihm die Person, in die er idealisch übergehen soll; so matt sie auch anfänglich, als bloser individueller Begrif, in seinem Gemüthe da lag: lebendig vor die Augen stellen, ja nach und nach alle seine Sinnen, Muskeln und Geſichtszüge mit ihr erfüllen werde. — Durch einen Reiz des Gefühls (als *tactus*, als körperliche Nervenberührung, und speciel als innerer Druk auf dieselben, betrachtet) kann unſer Gehör (z. B. beym Ohrenſauſen) ja es können alle unſere Sinnen, von innen in eben die Verfaſſung geſezt werden, in welche ſie ſonſt nur von auſſen, bey wirklicher Gewahrnehmung gegebener Gegenſtände, geſezt zu werden pflegen. Man nehme einen Träumenden. Ein allzuſtark wallendes, oder hier und da ſtokendes, Geblüt, eine Ueberfüllung des Magens, oder anderer Organe, mit Säften, Luft u. d. gl. drükt von innen auf ſeiſe Gefühlnerven, und alsbald ſieht und hört er, als ob, was er träumt, lebendig vor ihm ſtünde. Man nehme einen Schwärmer. Ein ſchwarzes, dikes Blut, oder eine Verhärtung in irgend einem Organe, drükt von innen; eine verdorbene Galle, ein ſcharfer Magenſaft, ein Neſt von Würmern, eine Anlage zu Krämpfen, reizt von innen ſeine Gefühlnerven; und alsbald ſieht und hört auch er, als ob die Spuckereyen ſeiner Einbildungskraft lebendig vor ihm ſtänden.

Anm. Da das Gefühl (körperlich) der Grundsinn, und gleichsam der Stamm ist, von welchem alle andere Sinnen, nur als Aeste, auslaufen: so ist die Fortpflanzung eines Reizes, der den Stamm trift, auf die Aeste, um so begreiflicher. — Magnetismus! —

§. 49.

Das Zweyte, was ich jezt in Absicht auf das Gesez der Ergänzung, noch zu thun habe, ist, daß ich die übrigen Associations-Geseze unter dasselbe, als ihr Grundgesez, zurükbringe; und dies kann, bey der Ausführlichkeit, womit ich mich, nicht nur über das leztere, sondern auch über die anderen, oben schon erklärt habe, mit wenigen Worten geschehen.

§. 50.

a) Die Geseze der Ordnung und Gewohnheit. Beyde bringen bey Gelegenheit auf die Erneurung schon einmal gehabter Eindrüke, also auf Ergänzung, wird nur ein Theil von einem gewissen Ideenganzen wieder gegeben, so führen sie dies Ganze selbst in das Bewußtseyn zurük. b) Das Gesez des Gegensazes erfüllt, durch Saz und Gegensaz, die Sphäre unseres Nachsinnens über einen Gegenstand. c) Das Gesez der Aehnlichkeit ergänzt eine Erscheinung, durch die Beziehung derselben auf eine andere, vermittelst der Gemeinschaft ihrer beyderseitigen Merkmale. d) Das Gesez der Koexistenz führt das Ganze einer Erscheinung, bey einem gegebenen Theile derselben, nach Raum und Zeit, wieder in das Bewußtseyn zurük. e) Das Gesez der Leidenschaften bringt auf die Totalität der, auf sie bezieblichen, Empfindungen und Vorstellungen; daher die Bemerkung des 40. §. Num. c) hauptsächlich an leidenschaftlich eingenommenen Personen gemacht wird.

Anm. Durch einen vermisten Gegenstand unserer Neigung entsteht eine Leerheit (ein Mangel an gewissen Realitäten) in unserem Gemüthe. Gedanken und Phantasiebilder nehmen daher, vermöge des Ergänzungsgesezes, ihren Zug dahin.

Dritter Abschnitt.

Von denjenigen Verbindungen unserer Vorstellungen, welche unter gar keiner Regel zu stehen scheinen.

§. 1.

Ungeachtet die Anzahl der, bereits aufgefundenen, Gesetze, nach welchen unsere Vorstellungen organisch zusammenhangen, nicht unbeträchtlich ist: so ist sie doch nichts weniger, als erschöpfend; denn es giebt Fälle, in welchen keines derselben, zu einer genugthuenden Auflösung der Frage, zureicht: wie doch ein Mensch, z. B. im Zustande des Träumens, auf diese oder jene Verbindung seiner Vorstellungen, habe kommen können? —

§. 2.

Sehr oft drükt sich in solchen Fällen die Hauptvorstellung, welche die ganze Reyhe der übrigen veranlaßte, nur nicht mit hinlänglicher Deutlichkeit; oder nicht mit der, zur Deutlichkeit erforderlichen, Weile, dem Bewußtseyn ein. Die leitende Vorstellung bleibt dann im Dunklen: die, durch sie erwekten hingegen, werden helle, und kundigen sich im Bewußtseyn an. Bloß daher kommt es oft, daß wir sagen; wir wissen nicht, wie wir auf diese oder jene Vorstellungen gerathen seyen?

§. 3.

Eine Reyhe Vorstellungen, zu welchen sich die leitende, aus Mangel an Deutlichkeit, oder an Nachdenken überhaupt, nicht vorfinden will, nennt die wundersüchtige Unwissenheit sehr gerne eine Ahndung, d. i. sie ergänzt den Abgang des leitenden Begriffes nach Raum- und Zeitvorstellungen: dichtet also; erfüllt den leeren Raum mit Dunstgestalten, die dem Gemüthe was einhauchten; die leere Zukunft erfüllt sie mit Bildern, deren materiale nicht selten die physische Beschaffenheit des Körpers zur Zeit ihrer Entstehung, unverkennbar ausdrukt.

§. 4.

Sehr oft, scheint es mir ferner, werde in solchen Fällen, wo man die Möglichkeit einer Verbindung, aus den ordentlichen Gesetzen des Gemüths nicht begreiffen kann, der Zusammenhang unserer Vorstellungen (in so ferne er vom Körper abhängt) nicht sowohl mehr organisch, als vielmehr mechanisch, d. i. durch einen physischen Druck und Stoß des, sich entweder anhäuffenden, oder allzuschnell umlaufenden, Geblüts, oder auch fremdartiger, im Gehirne vorhandener Körper, wie die Dünste sind, die sich aus dem Magen dahin erheben sollen, veranlaßt. — Vorstellungen z. B., die man, im wachenden Zustande, abzuweisen gewohnt war, finden oft, während des Schlafes, blos in der Lage unseres Körpers, in dem Drucke oder der Wärme seiner Bedeckungen, in dem stärkeren oder schwächeren Umlaufe des Bluts, in der Beschaffenheit und Fülle der Säfte, Veranlassung sich anzureyhen.

Anm. Aus Gelegenheit einer Vergleichung, die ich zwischen physischen und geistigen Gesetzen anstellte, fielen mir schon in einer Dissertation (Tubingæ 1780.) folgende, hieher gehörige, Bemerkungen bey: in nobis vero, inquam, multa funt, ex mechanicis legibus interpretanda; sed quis ideo ens sensitivo-intellectivum machinam dicere audeat? Quo major est impressionum, ab objectis factarum, massa, & quo celerius imprimuntur, eo fortius percipimus, & vice versa. Ergo modus, quo ideæ intrant animum, aliquid mechanici ostendit. Associatio autem conceptarum idearum multo magis: nam inter alias leges, ad quas se accommodat, sequitur etiam physicam organorum conjunctionem, ut nempe, mota una fibra, simul moveantur & agant reliquæ, huic annexæ, velut ad unius rotæ motum ceteræ concitantur. Verbi causa, thecam tabaci negligenter mihi aliquando inspicienti, subito hominis noti imago, sed obscure, obversabatur. Quid vero hoc rei est, incertus primo cogitabam. Statim autem recordabar, me pauco abhinc tempore in quodam pago vidisse

herbam, ex qua præparatur tabacum, &
dum in area diverforii fufpenfam eam,
intuebar, tranfiiffe hunc ipfum hominem,
repente attentionem a priori objecto avo-
cantem: minime enim hoc loco eum ex-
pectaram. Annectebantur itaque hæ ideæ,
&, cum prima rediret, revivifcebat ulti-
ma: intermedia autem quiefcebant. De
herba, de præparatione tabaci, de loco,
ubi videram, nil redibat: ifte modo, in
quo fe tum terminaverat mea contemplatio,
repræfentabatur. Nonne hoc fe confor-
mat & eam motús legem, qua, colloca-
tis in continenti ferie globulis eburneis,
percuffoque primo, medii quiefcunt, ul-
timus movetur? —

§. 5.

Vorstellungen, welche sonst keine ordentliche Beziehung auf einander haben, scheinen
sich im Traume oft auch bloß deßwegen zu
verbinden, weil 1) ihre Hervorbringung im
Gemüthe unter einerley Bedingung d. i. unter demselben Grade der Nervenspannung
stand, oder deutlicher, weil zu ihrer ursprüng-

lichen Erzeugung eine gleiche Anstrengung, ein gleiches Kraftmaas, von Seiten unserer Organisation erfordert wurde. Daher kommt es, deucht mich, daß sich oft gerade die lebhaftesten sinnlichen Vorstellungen mit den allerabgezogensten Begriffen im Traume zusammenfinden. Ein und derselbe Wärmegrad von Seiten des Organismus hat sie ursprünglich erzeugt; und sie blühen daher auch mit einander wieder auf, wenn ein zufälliges Nervenspiel jenen zurükruft. — Weil 2) ihre Wiederholung im Gemüthe unter einerley Grade der Fertigkeit steht; sie liegen gleichsam in einer Polhöhe gegen das Bewußtseyn hin. — Ein entfernter Freund, der sonst immer um uns war, besucht uns im Traume noch jezt unter unseren alltäglichen Beschäftigungen. Warum? — weil die Vorstellung von ihm mit den Vorstellungen von unseren alltäglichen Geschäften, unter einerley Grade der Fertigkeit steht.

§. 6.

Die, mit dem Schlafe verbundene, Unfähigkeit, deutlich zu überlegen, versezt uns, in

Absicht auf die Auslegung der inneren Ver-
änderungen, die wir während des Schlafes
manchmal an unserem Körper gewahr wer=
den, in eben die Lage, worinn sich der ur-
sprüngliche Mensch befand, wenn er sich die
Erscheinungen der Welt überhaupt erklären
sollte, und sie doch aus Begriffen (Naturgesezen) noch nicht erklären konnte. Wir ergänzen, wie er, in Ermanglung deutlicher
Begriffe, was wir im Schlafe gewahr werden, noch während des Schlafes, nach unseren Raum- und Zeitvorstellungen. Eine
Beklemmung des Herzens erregt Angst in
uns, und es geht uns dann im Schlafe eine Ursache dieser Angst bey; allein über unsere
deutlichen Begriffe, über unsere Gedanken von
wirkenden Naturgesezen, haben wir izt
keine Macht: — was thun wir also? — wir
ersezen diesen Abgang nach den Formen unserer Sinnlichkeit durch Raum- und Zeitvorstellungen. Es geschieht etwas, das die Angst
verursacht; die Einbildungskraft übernimmt
die Ergänzung, macht ein Schauspiel aus
jener Beklemmung, und dramatisiert sie, bald
in einer Mordgeschichte, bald in einem Stur-

ꝛc vom Pferde, in einer Feuersnoth, kurz in etwas, das mit der Lebensart, den Erfahrungen oder Neigungen des Menschen übereinstimmt.

Anm. Wenn ich die Ideenassociation, für die ich wegen der, von Kant gemachten, genaueren Bestimmung des Ausdruks Ideen, ein anderes Wort wünschte, — bisher als einen organischen Zusammenhang unserer Vorstellungen betrachtete: so wollte ich sie durch diesen Beysaz von dem Logischen Zusammenhange derselben, hinlänglich unterscheiden. Die Einbildungskraft verknüpft organisch: der Verstand logisch. Mehrere Gründe dieses Unterschiedes führte ich an in der Allg. Prakt. Philosophie Seit. 38, 39.

Seite 24 des Gegentheils wurde: dies wurde muß ganz hinweggestrichen werden. ib. wodurch sie uns erweckt wurde, l. wodurch sie in uns erweckt wurde.

— 25 von jenen l. jenem.

— 33 Dichters l. Dichtens

— 37 des Raums, auch einen Begriff l. des Raums auf einen Begriff

— 40 auch bloß subjektive l. auch bloß eine subjektive

— 46 aufs neue l. auf neue

— 60 den Rittern l. den Göttern.

— 73 *intermedia* l. *intermediæ* ib. *et* l. *ad*

Bey meiner Abwesenheit von dem Orte des Drucks, sind nicht nur die Unterscheidungszeichen häufig versezt worden; sondern es haben sich auch noch folgende Druckfehler in den Text selbst eingeschlichen.

Seite 1 Nehmen l. Nähmen
— 3 Ntaur l. Natur, ib. eben an sich l. aber an sich
— 6 so zeigen gleichsam l. so zeigen sich gleichsam
— 8 Gebote, l. Gebethe.
— 15 von Koexistenz l. oder Koexistenz.
— 16 den Knochen l. dem Knochen.
— 20 in so ferne neue Vorstellungen l. in so ferne nun Vorstellungen.
— 22 auch Dinge übergehen, l. auf Dinge übergehen